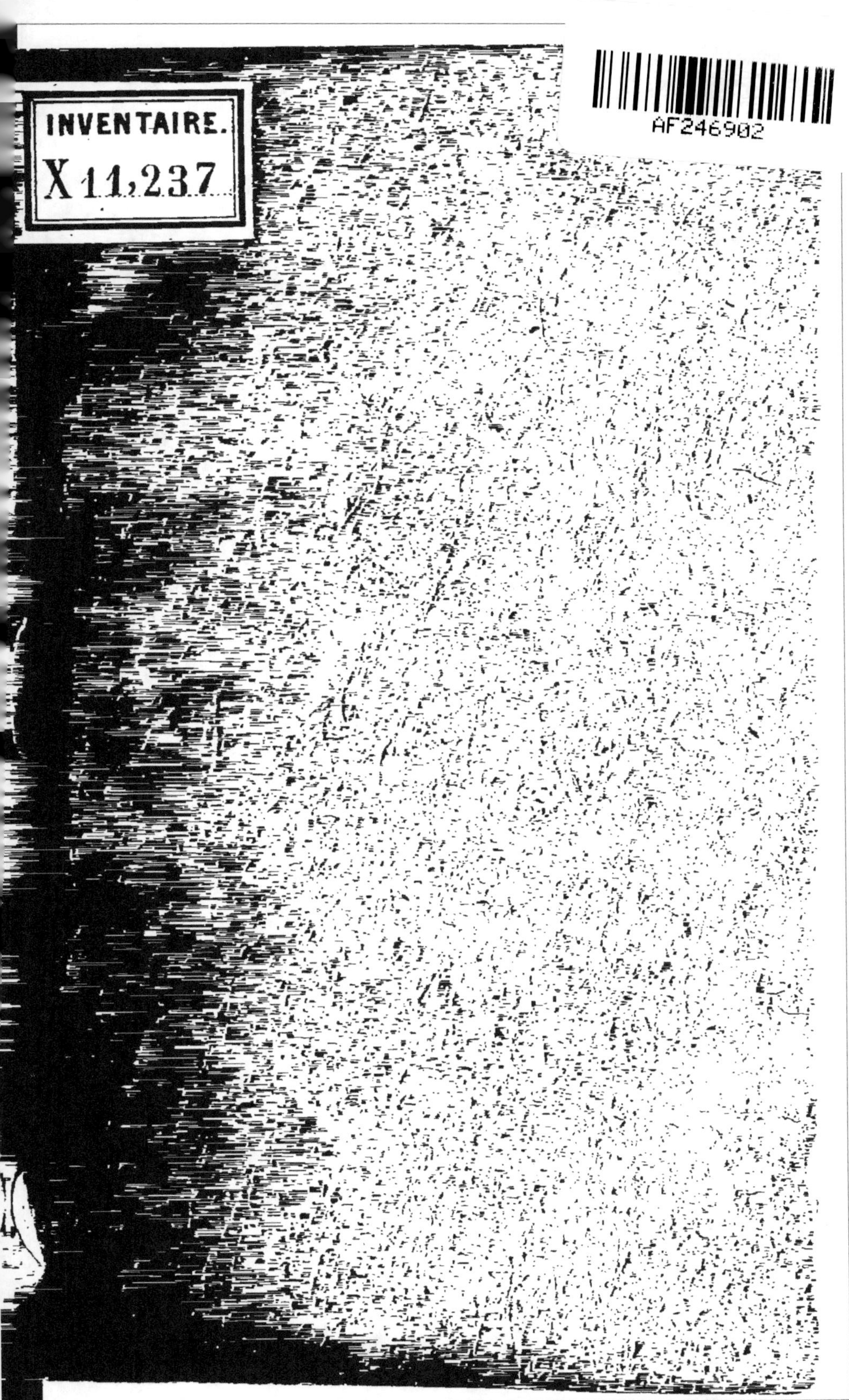
INVENTAIRE.
X 11,237
AF246902

X 1226.
z.u.a.

ESSAIS

SUR LA DECLINABILITÉ

ET L'INDÉCLINABILITÉ

DES PARTICIPES,

Puisés dans les Premiers Grammairiens,

UTILES AUX JEUNES GENS.

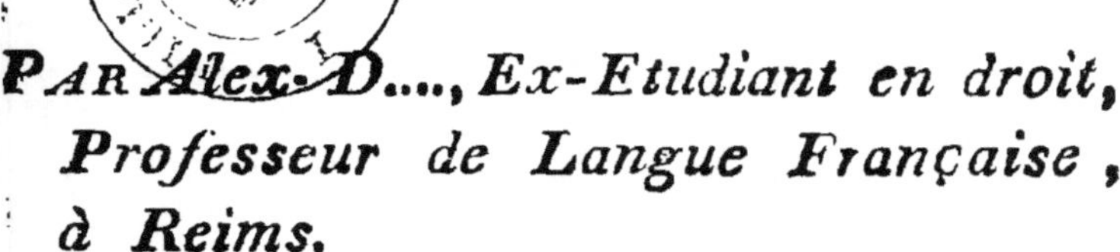

PAR *Alex. D....*, *Ex-Etudiant en droit,*
Professeur de Langue Française,
à Reims.

A REIMS,

IMPRIMERIE DE *BRIGOT*, PLACE ROYALE.

Chez L'Auteur, rue Vieille-Couture N.° 2. 1814.

AVERTISSEMENT.

MON but en publiant ces ESSAIS
a été de mettre sous les yeux des
Jeunes Gens, des Principes, puisés
dans les meilleurs Auteurs. Comme il
se rencontre quelquefois qu'ils ne sont
point d'accord, j'ai eu soin de renvoyer
au Grammairien qui se trouvait déja
appuyé de preuves irrécusables.

C'est surtout dans la déclinabilité
et l'indéclinabilité des Participes des
Verbes réciproques et neutres que
pèchent quelques personnes ; mais le
grand nombre d'exemples rapportés
pourront servir à lever les doutes.

En se pénétrant bien des Règles
qui sont établies par l'Abbé d'Olivet,
on surmontera rapidement toute espèce
d'incertitude à cet égard.

ESSAIS

SUR LA

DÉCLINABILITÉ ET L'INDÉCLINABILITÉ

DES PARTICIPES,

Puisés dans les premiers Grammairiens,

UTILES AUX JEUNES GENS.

VERBES (1) ACTIFS.

Quand le Participe de ces Verbes précède son régime simple, il ne se décline jamais ; mais quand il en est précédé il se décline toujours.

Un Verbe Actif, c'est-à-dire celui qui exprime une action dont l'objet est énoncé

---

(1) D'après l'etymologie, *Verbe* est la même chose que *Mot* ou *Parole*; et il paraît que le verbe ne s'est approprié cette dénomination que parce qu'on l'a regardé comme le mot par excellence. Il est en effet l'ame du discours puisqu'il exprime tous nos jugements. (Condillac)

A 3

ou sous-entendu, peut avoir deux régimes dont l'un est simple et l'autre particulé Par exemple si je vous dis *payez le tribut à César*, c'est le tribut que j'appelle un régime simple, parce qu'il est uni à son verbe immédiatement, e sans le secours d'aucun terme intermédiaire. Mais *à César*, est ce que j'appelle un régime particulé, parce que César n'a de rapport et de liaison avec son verbe qu'au moyen d'une particule qui est *à*.

La particule *à* peut n'être pas exprimée; mais alors le pronom *lui* la remplace, comme dans cet autre exemple ; *payez-lui le tribut* ; et ce *lui* suppose une particule dont il devrait être précédé ; puisque c'est comme si l'usage permettait de dire, *payez-lui le tribut.*

Il est encore à remarquer qu'il n'y a que les pronoms seuls qui puissent régulièrement précéder le verbe dont ils sont le régime simple.

La règle veut expressément que le Participe ne se décline jamais, à moins qu'il ne soit précédé de son régime simple : ainsi donc il n'y a que des pronoms, employés comme régime simple qui puissent faire décliner le Participe.

Enfin de tous les pronoms il n'y a que ceux-ci, *me, nous, te, vous, se, le, la, les* et *que*, relatif, qui puissent être employés comme régime simple.

Pour faciliter l'application de cette règle unique et générale ; il ne reste que de la vérifier par divers exemples. Voici ceux de Vaugelas, pour ce qui regarde le verbe actif, dont il s'agit présentement, et qui est celui où se trouve le plus d'embarras.

J'ai reçu vos lettres.

Les lettres que j'ai reçues.

Les habitans nous ont rendus maîtres de la ville,

Le commerce parlant d'une ville, *l'a rendue puissante.*

Je l'ai fait peindre, je les ai fait peindre.

C'est une fortification que j'ai appris à faire.

Il est facile de voir que le quatrième exemple ne fait qu'un avec le troisième. Il en est de même du sixième avec le cinquième ; mais pour épuiser, s'il est possible, toutes les combinaisons, en voici encore d'autres.

Les peines que m'a données cette affaire. Plus d'exploits que les autres n'en ont lu.

Nous allons reprendre maintenant quelques-unes de ces phrases, sans perdre de vue la Règle unique, qui doit en décider.

Mais avant, il est bon d'observer que plusieurs Grammairiens qualifient de Participes substantifs ceux qui demeurent invariables dans leur terminaison ; et qu'au contraire tout participe qui, conformément à la Règle, prend le genre et le nombre des noms qu'il modifie reçoit la qualification de Participe adjectif.

La remarque qui suit, va faire connaître la nature des premiers.

J'ai reçu vos lettres. Les Grammairiens conviennent que c'est ainsi qu'il faut
parler, conformément à la Règle, qui
veut que le Participe, lorsqu'il précede
son régime soit indéclinable.

On dira également au pluriel; *nous
avons* reçu *vos lettres*; et une femme qui
dirait, *j'ai reçue vos lettres*, parlerait mal;
Parce que le nominatif de la phrase
n'exerce aucun droit sur le Participe qui
se construit avec le verbe *Avoir*. Il en
est autrement de celui qui se construit
avec le verbe *être*. Mais gardons-nous
de les confondre, et n'oublions point qu'à
présent il ne s'agit que du premier, qui
est le verbe actif.

Au reste, si l'on demande, comme
ont fait quelques Grammairiens pourquoi
le Participe se décline, lorsqu'il vient
aprés son régime; et qu'au contraire,
lorsqu'il le précede, il ne se décline
pas: Je m'imagine qu'en cela, dit *l'Abbé
d'Olivet*, nos Français sans y entendre
finesse, n'ont songé qu'à leur propre

commodité. On commence une phrase, quelquefois sans bien savoir quel substantif viendra ensuite. Il est donc plus commode pour ne pas s'enferrer par trop de précipitation, de laisser indéclinable un Participe, dont le substantif n'est point encore annoncé, et peut-être n'est pas encore prévu. Mais une réponse qui vaut mieux, parce qu'elle dispense de toute autre c'est que dans les Langues il est inutile de chercher la raison d'une chose convenue et qui n'est contestée de personne, à dater de François I.er Car si nous remontons jusqu'au temps où notre langue était au berceau, nous verrons qu'alors le Participe se déclinait aussi-bien devant qu'après son régime.

Les lettres que j'ai reçues. Quand le Participe est précédé de son régime simple, alors la regle veut qu'il se décline ; c'est-à-dire qu'il prenne le genre et le nombre de son régime. Or le régime c'est *que*, pronom relatif, qui a pour anté-cédent le substantif *lettres*, feminin, et au pluriel. *Reçues* est donc et devait être comme on le voit clairement, du genre féminin, et au pluriel ; voilà l'espèce de partie d'oraison qualifiée, *Participe adjectif.*

Vaugelas n'a nullement douté que toute phrase semblable à celle-là ne fût soumise à la même loi : et cette loi, si respectée, c'est la concordance de l'adjectif avec son substantif.

Tenons pour certain ce qu'enseigne Vaugelas, qu'il faut toujours *à peine de faire un solécisme,* accorder le Participe avec son régime, dans les phrases sembles à celles que nous examinons. Il y a cependant quelques Participes, entr'autres ceux de *Plaindre* et de *Craindre,* qu'il est bon d'éviter au féminin, parce que ces verbes ont formé des substantifs, dont la désinence, c'est-à-dire leur terminaison, est la même que celle du Participe féminin. Qui dirait, *c'est une personne que j'ai plainte; c'est une maladie que j'ai crainte,* obéirait à la Grammaire,

A 6.

mais révolterait l'oreille. A l'égard du masculin nulle difficulté. On dira, *les hommes que j'ai plaints : les accidents que j'ai craints.* On emploiera même le féminin, pourvu qu'on ait l'art de le placer, en sorte qu'il ne puisse être confondu avec le substantif. On dira fort bien *plus crainte qu'aimée*, exemple approuvé par Vaugelas, à cause que le mot *plus* qui précède, ne laisse pas ombre d'équivoque.

Les Habitans nous ont rendus maîtres de la Ville. Le Commerce, parlant d'une ville, *l'a rendue puissante.* L'Abbé d'Olivet pense que c'est ainsi que l'on doit écrire, et il n'a point hésité de dire, *cette Ville qui n'était rien autrefois, le Commerce l'a rendue puissante*, et avec Phèdre, parlant de l'épée d'hyppolite,

Je l'ai rendue (1) *horrible à ses yeux inhumains.*

Ailleurs, après avoir fait mention de la Grèce, Racine a écrit :

---

(1) Phèdre, Acte 3, Scène première.

(13)

De soins (1) plus importants je l'ai crue agitée,

Voilà ce qui lui parait le plus raisonnable ; puisqu'il est incontestablement reçu que le Participe se décline, quand il est précédé d'un relatif qui fait son régime seul ; on doit, pour agir conséquemment, le décliner aussi, quand, outre le relatif, il régit encore un nom qui se rapporte et se lie nécessairement au relatif : en sorte que le relatif, le participe, et le nom suivant ont ensemble un rapport d'identité qui les soumet tous les trois aux mêmes lois grammaticales, et par conséquent les oblige tous les trois à s'accorder en genre et en nombre.

Phrase où le Participe et l'Adjectif se montrent les premiers. *Rendue puissante par le Commerce, la Hollande s'est fait craindre. Rendus maîtres de nos passions, nous en vivrons plus heureux.* Quelqu'un se ferait-il une peine de parler

____

(1) Andromaque, Acte 1, Scène deuxième.

ainsi ? Ou plutôt quelqu'un parlerait-il autrement.

Tout le monde dit, *une Signature reconnue fausse*, *une Comédie trouvée mauvaise*. Pourquoi, lorsqu'on y aura introduit le verbe auxiliaire, voudra-t-on dire, *une signature que les Juges ont reconnu fausse*, *une Comédie que le Parterre a trouvé mauvaise* ? On n'en peut apporter la raison ; et ce serait vouloir chercher de la différence entre deux gouttes d'eau.

Je les ai fait peindre. C'est une fortification que j'ai appris à faire.. On regrette, et avec raison, dit l'Abbé d'Olivet, beaucoup de termes qu'il a plu à l'usage de proscrire, *Icelui* était d'une commodité infinie. Qu'il me soit permis, ajoute ce Grammairien de le rappeller un moment, et de le mettre ici à la place des pronoms relatifs, qui entrent dans les deux exemples que nous venons de réunir. *J'ai fait peindre iceux. C'est une fortification, j'ai appris à faire icelle.* On voit déjà sans aller plus loin, que ces deux phrases n'ont rien de commun avec la Règle, dont nous continuons l'examen. Cette importante Règle dit que le Participe se déclinera toutes les fois qu'il sera précédé du pronom relatif qui est son régime. Or ces pronoms relatifs *les* et *que,* sont ici le régime, non du Participe, mais de l'Infinitif ; car *les* se rapporte à *peindre*, et *que* se rapporte à *faire.*

Ainsi donc toutes les phrases qui sont dans le même cas ; c'est-à-dire celles dont le régime tombe, non sur le Participe, mais bien sur l'infinitif sont indéclinables.

La question jusque-là n'est qu'effleurée. Pour l'approfondir, il fallait demander en général quand le participe doit être décliné, ou non, étant suivi d'un infinitif. Distinguons. Ou le Pronom relatif, qui est régi, se rapporte au Participe même, ou il se rapporte à l'Infinitif. Dans le premier cas, le Participe se décline. Dans le second, il ne se décline pas.

Jusqu'ici les phrases proposées ne regardent qu'une partie de la question. Un seul exemple rassemblera le tout, et fera en même temps voir que notre Langue, autant qu'il dépendait d'elle, a prévenu les équivoques. *Je l'ai vu peindre*, ou *Je l'ai vue peindre*. On dira l'un et l'autre, mais en des sens très-différents. *Je l'ai vu peindre* ; c'est-à-dire, j'ai vu faire son portrait. *Je l'ai vue peindre* ; c'est-à-dire, je lui ai vu le pinceau à la main. Pourquoi *vu* dans le premier sens ? Parce que le régime se rapporte à l'infinitif. Pourquoi *vue* dans l'autre sens ? Parce que le régime se rapporte au Participe.

Il est bon d'observer que l'Infinitif est quelquefois sous-entendu, et que le Participe doit alors demeurer indéclinable, comme dans ces phrases ; *Je lui ai fait toutes les caresses que j'ai dû ; il a eu de la Cour toutes les grâces qu'il a voulu.* On sous-entend ; *Faire* et *Avoir* : et c'est à ces Verbes que le régime doit se rapporter. Ainsi *dûes* et *voulues* seraient des fautes grossières.

On ne décline point non plus le Participe de *Faire* devant un infinitif, quand *Faire* est pris dans le sens *d'ordonner*, être *cause que*. Par exemple , *ces Troupes que le Général a fait marcher*. Et la raison de cela, est que *faire marcher* n'est regardé que comme un seul mot ; ou du moins ce sont deux mots inséparables, et qui ne présentent qu'une seule idée à l'esprit. Car si le Participe était séparé de l'Infinitif, la phrase ne dirait plus ce qu'on a voulu dire. Ainsi le féminin *que*, dans l'exemple allégué, ne se rapporte pas uniquement au Participe *Fait*, et ne peut pas non plus être régi par *marcher*, verbe neutre ; mais il se rapporte à tous les deux conjointement, parce que *fait* ne faisant qu'un avec *marcher*, lui communique la faculté qu'il a d'agir.

Les peines que cette affaire m'a données, ou *les peines que m'a donné cette affaire.* Tous nos Grammairiens, dit le même auteur, sont d'accord sur cette dernière phrase, ils l'approuvent, et cependant j'oserai n'être pas de leur avis. L'Académie, toutes les fois que cette question a été agitée, a paru se décider pour le parti que j'embrasse. Une légère transposition de mots cause ici toute la difficulté. Il s'agit du Participe mis avant son nominatif, au lieu d'être après. Faut-il alors le décliner, ou non ?

Vaugelas, dans sa première remarque sur les participes, admet notre principe, Que tout Participe qui est précédé de son régime, doit se décliner ; et dans une seconde remarque il prétend que ce principe cesse d'être vrai, quand le Participe précède son nominatif. Ainsi selon lui, nous dirions : *Les peines que cette affaire m'a données:* et au contraire, *Les peines que m'a donné cette affaire,*

Mais d'Olivet, n'admet point du tout cette exception, parce que suivant lui, pour donner atteinte à une Règle générale, il faudrait que l'usage eût parlé d'une manière à ne laisser aucun doute. Il se fonde sur ce que nos meilleurs écrivains ont été les plus fidèles observateurs de la Règle générale, et n'ont point eu égard à cette prétendue exception. Et comme ses raisonnemens sont toujours appuyés d'exemples frappans, il rapporte cette jolie Epigramme traduite du Latin:

> Pauvre Didon, où t'a *réduite*
> De deux amans le triste sort ?
> L'un en mourant, cause ta fuite ;
> L'autre en fuyant, cause ta mort.

Et pour assurer que ce n'est point la rime qui amene *réduite* : ne lit-on pas dans Racine, au milieu du vers :

> Ces yeux que n'ont émus ni soupirs, ni terreur. (1)

On lit dans la septième réfléxion sur Longin, la *Langue qu'ont écrite Ciceron et Virgile.* On lit dans le Tite-live de Malherbe , la *Légion qu'avait eue Fabius*, etc.

A quoi bon un plus grand nombre d'autorités ? l'Abbé d'Olivet, avoue qu'il

______

(1) Britannicus, Acte 5, Scène première.

est aisé d'en produire de toutes contraires. Ainsi, l'usage étant partagé , nous ne pouvons mieux faire que d'en revenir toujours à notre règle générale, contre laquelle il n'y a rien ici à objecter, pour acquérir le droit de la restreindre , si ce n'est que nous prononçons , *les peines que m'a données cette affaire,* sans faire sentir les deux lettres finales du mot *données.* Hé combien d'autres lettres supprimées par la prononciation, mais dont la suppression, dans l'écriture, serait un solécisme.

Plus d'exploits que les autres n'en ont lu. Voici la phrase entière, tirée du Remerciment de M. Despréaux à l'academie. *Quand ils diront de Louis le Grand, à meilleur titre qu'on ne l'a dit d'un fameux Capitaine de l'Antiquité, qu'il a fait lui seul plus d'exploits, que les autres n'en ont lu,* c'est-à-dire qu'ils n'ont lu d'exploits. Assurément, *lus* aurait été une faute ; mais de ces fautes, qui, lorsqu'on n'est pas averti, échappent aisément.

Pour sentir en quoi la faute consiste, il ne faut que se rappeller notre règle générale, qui rend le Participe déclinable, quand il est précédé, non de son régime *particulé*, mais de son régime simple. Or le régime, c'est *en* particule relative et partitive, laquelle suppose toujours dans son corrélatif la préposition *de*, et par conséquent ne répond jamais à un régime simple. Ainsi la phrase de M. Despreaux, qui ne décline pas, est correcte.

Je l'ai faite *religieuse, je l'ai* trouvée *guérie, je l'ai* vue *belle, je l'ai* crue *bonne*, et beaucoup d'autres phrases sur lesquelles on a tant disputé, doivent être assujéties à cette règle invariable, qui prescrit la concordance de l'adjectif avec son substantif.

Racine dans Britannicus, où il fait dire à Néron en parlant de Junie,

Cette nuit je l'ai vue *arriver en ces lieux;* avait mis dans sa première édition, *je l'ai vu cette nuit*, etc. Il se corrigea. Pourquoi? parce que *vue* se rapporte à Junie, et non pas à l'infinitif qui suit.

Les chaleurs qu'il a fait. Personnne n'a jamais songé à dire *les chaleurs qu'il a faites pendant l'été, les grandes pluies qu'il a faites en automne, la disette qu'il y a eue pendant l'hiver dernier.* Personne n'ignore que le Participe est indéclinable dans ces sortes de phrases, et tel est le privilège des verbes qu'on appelle impersonnels. Une exception de cette nature étant seule, et si connue de tout le monde, n'est propre qu'à confirmer la règle.

EXAMEN de quelques Participes, d'après les principes de Port-Royal.

Il est bien connu que les verbes de notre Langue ont deux participes; l'un en *ant* qui marque le temps présent, et qu'on appelle communément participe actif, comme *aimant, lisant*; l'autre qui marque le prétérit, et qu'on appelle passif, *aimé, lu.*

Or on peut considérer deux choses dans les participes, l'une d'être vrais adjectifs, susceptibles de genres, de nombre et de cas; l'autre, d'avoir quand ils sont actifs, le même régime que le verbe.

Nos deux Participes *aimant* et *aimé*, en tant qu'ils ont le même régime que le verbe, sont plutôt des Gérondifs que des Participes et M. de Vaugelas a fort bien remarqué que le Participe en *ant*, lorsqu'il a le régime du verbe, n'a point de féminin, et que l'on ne dit point par exemple, j'ai vu une femme lisante l'Ecriture, mais *lisant l'Ecriture*, parceque lisant *l'Ecriture* est pour *en lisant l'Ecriture*: de sorte que ce Gérondif en *ant* signifierait l'action du verbe, de même que l'infinitif. On doit dire la même chose de l'autre participe *aimé*; savoir, que quand il régit le cas du verbe, il est gérondif, et incapable de divers genres et de divers nombres, et qu'alors il est actif, et ne diffère du participe; ou plutôt du Gérondif en *ant*, qu'en deux choses; l'une, en ce que le gérondif en *ant*, est du présent, et le gérondif en e, i, u du passé (1); l'autre en ce que le Gérondif en *ant* subsiste tout seul, ou plutôt en sous-entendant la particule *en*, au lieu que l'autre est toujours accompagné du verbe auxiliaire *avoir*, ou de celui *d'être*, qui tient sa place en quelques rencontres ; comme il sera dit plus bas : *j'ai aimé Dieu* etc.

---

(1) C'est cette dernière espèce de Participe indéclinable que l'Abbé Condillac, comme on le verra, classe parmi les Substantifs.

Il est ici considéré comme Gérondif ; mais les Grammairiens, en général ne partagent point ?opinion de Port-Royal.

Comme il serait possible que par la diversité d'expressions, on se vît entraîné dans un laby-tinthe, il faut pour s'en garer adopter une opinion invariable et basée sur les principes des meilleurs auteurs ; tels, que, Vaugelas, d'Olivet et Condillac.

Mais

Mais ce dernier participe outre son usage d'être Gérondif actif en a un autre qui est d'être participe passif, et alors il a les deux genres et les deux nombres, selon lesquels il s'accorde avec le substantif, et n'a point de régime ; et c'est selon cet usage qu'il fait tous les temps passif avec le verbe *être*; il *est aimé*, *elle est aimée* ; *ils sont aimés*, *elles sont aimées.*

Et pour résoudre la difficulté proposée la Grammaire de Port-Royal dit que dans ces façons de parler, *j'ai aimé la chasse*, *j'ai aimé les livres*, *j'ai aimé les sciences*, la raison pourquoi on ne dit point, *j'ai aimée la chasse*, *j'ai aimées les livres*, c'est qu'alors le mot aimé ayant le régime du verbe est gérondif, et n'a point de genre ni de nombre.

Mais dans ces autres façons de parler, *la chasse qu'il a aimée les ennemis qu'il a vaincus*, ou *il a défait les ennemis*, *il les a vaincus*, les mots *aimée vaincus*, ne sont pas considérés alors

B.

comme gouvernant quelque chose, mais comme étant régis eux-mêmes par le verbe *avoir*.

Ainsi étant pris pour des participes passifs qui ont des genres et des nombres, il les faut accorder en genre et en nombre avec les noms substantifs, ou les pronoms auxquels ils se rapportent.

Et ce qui confirme cette raison, est que lors même que le relatif ou le pronom que régit le prétérit du verbe, le précède ; si ce prétérit gouverne encore une autre chose après soi, il devient Gérondif et indéclinable: car au lieu qu'il faut dire : *cette Ville que le commerce a enrichie* ; il faut dire : *cette ville que le commerce a rendu puissante* et non pas *rendue puissante* ; parce qu'alors *rendu* régit puissante, et ainsi est gérondif.

Je ne rapporte cette remarque de Port-Royal que pour faire voir que quoi qu'il se serve d'expressions différentes il finit toujours par tomber d'accord avec l'Abbé d'Olivet, que quand le Participe a le régime du verbe *avoir*, il ne prend ni genre, ni nombre. Et qu'au contraire lorsqu'il est considéré comme étant régi lui-même par ce verbe il le faut accorder en genre et en nombre avec les noms substantifs, ou les pronoms auxquels il se rapporte.

Mais quant à la non déclinabilité du mot *rendu*, qu'il considère comme Gérondif, je renvoie le lecteur à la remarque de l'Abbé d'Olivet, page 12.

Ce Grammairien est bien loin de rendre ce mot indéclinable et l'application qu'il en fait ne permet pas, je crois, de balancer en sa faveur,

Comme il est possible que la *Grammaire* générale paroisse trop compliquée dans l'analyse de ses exemples; et qu'en fait de langage, quand l'usage ne fait pas lui-même la règle il faut appréhender de devenir arbitraire ; nous allons avoir recours à l'opinion d'un Grammairien qui pourra déterminer la notre.

B 2.

(28)

Voyons donc maintenant ce que dit Condillac touchant la nature des Participes du passé qu'il divise en deux classes, savoir: en Participes substantifs, considérés comme indéclinables et en Participes adjectifs qui au contraire, prennent le genre et le nombre des mots qu'ils modifient.

On dit : *j'ai habillé mes troupes, mes troupes que j'ai habillées, mes troupes sont habillées.* Voilà constamment l'usage. Or on voit pourquoi dans la dernière phrase, le Participe se met au féminin et au pluriel, c'est qu'*habillées* est un adjectif qui modifie un substantif féminin et pluriel.

Mais si dans la seconde phrase, ce Participe modifie également le substantif *troupes*, il devra prendre encore la terminaison qu'il a prise dans la troisième, et il faudra dire, mes *troupes que j'ai habillées :* Or il le modifie. En effet, quel est l'objet du verbe *avoir*, lorsque je dis, *mes troupes que j'ai,* ou ce qui est la même chose *mes troupes,* lesquelles *troupes j'ai?* il est évident que c'est *mes troupes.* si j'ajoute donc *habillees,* ce participe ne peut exprimer qu'une des modifications du substantif *troupes ;* il est donc encore adjectif.

Mais que sera-t-il dans la phrase où il ne prend ni le féminin, ni le pluriel, *j'ai habillé mes troupes?* M. Dumarsais a le premier remarqué qu'en pareil cas le Participe est toujours un substantif. Il en est donc du Participe du passé, comme du Participe du présent : il est substantif ou adjectif, suivant la manière dont on l'emploie.

Le verbe avoir, dit Dumarsais, signifie proprement *posséder, j'ai une terre.* On l'a ensuite employé à d'autres usages, et on a dit, *J'ai faim, J'ai soif.* Car quoi qu'on n'eût pas faim comme on a une terre, et que dans l'un comme dans l'autre cas, *avoir* ne signifie pas absolument la même chose que *posséder* il y a cependant quelque analogie entre

J'ai une terre et *J'ai faim.* Or on sait que d'analogie en analogie, un mot finit souvent par être pris dans une acception qui a à peine quelque rapport à la première. C'est ce qui est arrivé au verbe *avoir* : il a passé par une suite d'acception dont les deux extrêmes sont , *J'ai une terre* , *J'ai habillé* ; et ces deux extrêmes diffèrent en ce que l'un a pour accessoire un rapport au présent, et que l'accessoire de l'autre est un rapport au passé. Dans *J'ai une terre* , l'objet du verbe *avoir* est une *terre* : habillé est donc également l'objet du verbe *avoir* dans j'ai *habillé.* Or, un verbe ne peut avoir pour objet qu'une chose qui existe , ou que nous considérons comme existante; c'est-à-dire, qu'il ne peut avoir pour objet qu'une chose que nous désignons par un nom substantif, habillé est donc , ainsi qu'*une terre* , un substantif.

Ces sortes de substantifs participent du verbe; ils ont un objet, quand le verbe en a un : mes troupes, par exemple, est l'objet *d'habillé*, dans j'ai *habillé mes troupes*. Ils n'ont point d'objet, quand le verbe n'en a pas. Ainsi, dans *j'ai parlé*, parlé est un substantif qui n'a point d'objet.

Ces substantifs diffèrent des autres en ce qu'ils ne sont ni masculins, ni féminins, ni singuliers, ni pluriels : leur terminaison ne varie donc jamais; et par conséquent, les participes adjectifs sont seuls susceptibles de genre et de nombre.

Dès que *les participes substantifs* sont invariables dans leur terminaison, il ne peut s'élever aucune difficulté sur la manière de les employer. Passons maintenant aux Participes adjectifs.

Les Participes adjectifs peuvent se construire avec le verbe *être*, ou avec le verbe *avoir*.

Dans le premier cas, ou le verbe *être*, conserve la signification qui lui est propre, ou il ne la conserve pas. S'il la conserve, le Participe doit toujours s'accorder avec le sujet de la proposition : *il est aimé, elle est aimée, ils sont aimés.* (1)

S'il ne la conserve pas, il sera employé à la place du verbe *avoir*; et on dira *il s'est tué*, pour *il a tué soi*, et *il s'est crévé les yeux*, pour *il a crévé les yeux à soi*. Alors il y a encore une distinction à faire.

Ou l'action, exprimée par le Participe a pour objet le sujet même de la chose, et vous direz, *il s'est tué, elle s'est tuée, ils se sont tués.* Car en pareil cas, le participe est un Adjectif qui doit prendre le genre et le nombre du nom qu'il modifie.

Ou l'action a pour objet un nom différent du sujet de la proposition; et vous direz, *il s'est crévé les yeux, elle s'est crévé les yeux, ils se sont crévé les yeux. C'est* qu'ici le *Participe* crévé est

______

(1) On peut se convaincre que ce n'est que par les expressions que nos Grammairiens diffèrent ici, quant aux principes ils sont les mêmes. Voyez l'examen, page 25.

un substantif. Dans cette phrase, *il s'est crévé*, se n'est pas l'objet comme dans *il s'est tué* : il est le terme du rapport, et on dit *se* pour à *soi*.

La règle que suit l'usage dans toutes ces phrases ou le verbe *être* est employé à la place du verbe *avoir*, est donc de regarder comme adjectif tout participe qui a pour objet le sujet même de la proposition; et de regarder comme substantif tout Participe qui a un autre nom pour objet. Dans le premier cas, le Participe est susceptible de genre et de nombre; dans le second , il ne l'est pas. Cette règle est constante et ne souffre point d'exception.

On peut facilement connaître si le Participe est substantif ou s'il est adjectif.

Il est substantif toutes les fois qu'il est suivi de son objet ; *J'ai reçu des lettres* ; il est adjectif toutes les fois qu'il en est précédé : *Les lettres que j'ai reçues*. (1)

____

(1) Les personnes qui n'adopteront point la qualification de substantif ou d'adjectif donnée au Parti-

B 5.

Vous direz donc *de deux filles qu'elle avait*, *elle en a fait une religieuse*, et non pas *faite*. Car *une* est l'objet du Participe *fait*, et il ne vient qu'après.

Le sens est *elle a fait une d'elles religieuse*.

Par la même raison ; vous direz, en faisant du Participe un Substantif, *les Académies se sont fait des objections ;* et en faisant de ce même Participe un

---

cipe déclinable, et à celui qui est invariable dans sa terminaison peuvent se reporter aux principes de d'Olivet développés page 7.

Cependant il semble qu'il ne peut être que très-convenable de donner à chaque nature de Participe une qualification propre à le caractériser spécialement. D'ailleurs beoucoup de personnes adoptent aujourd'hui cette règle.

Si je n'ai point cherché à faire voir qu'il était même nécessaire d'adopter cette dénomination, ce n'a été que par la crainte de me voir détourné de mon objet, qui me portait à suivre aveuglément l'Abbé d'Olivet dans tout ce qu'il pouvait dire sur les Participes ; sans contredit la partie du discours qui présente le plus d'obstacles à surmonter.

adjectif; vous direz, *J'ignore les objections que les Académies se sont faites.*

Une question importante est de savoir si le Participe est variable dans sa terminaison, lorsqu'il est suivi d'un verbe ou d'un adjectif; par exemple, faut-il dire *elle s'est laissée mourir* ou *elle s'est laissée mourir; elle s'est rendue catholique* ou *elle s'est rendu catholique.* Cette question en renferme deux : il faut d'abord observer le Participe, lorsqu'il est suivi d'un verbe : Nous l'observerons ensuite, lorsqu'il est suivi d'un adjectif.

On dit; *elle s'est fait peindre*, et non pas *elle s'est faite peindre* ; parce que ce n'est pas le participe *fait* qui est exprimé par ces deux mots *fait peindre.*

De même quoiqu'on dise, *une maison que j'ai faite*, parce que l'adjectif conjonctif *que* est l'objet du participe *faite,* on doit dire, *une maison que j'ai fait faire;* parce qu'alors le conjonctif au lieu d'être l'objet du participe, devient l'objet de *fait faire.*

B 5,

Vous direz encore ; *imitez les vertus que vous avez entendu louer*, et vous ne direz pas *entendues* ; parce que le conjonctif n'est l'objet ni d'*entendu* ni de *louer* pris séparément : il l'est de ces deux mots réunis , ou d'une seule idée qu'on exprime avec deux mots, comme on pourrait l'exprimer en un seul.

Enfin vous direz , *terminez les affaires que vous avez prévu que vous auriez*, et non pas *prévues*; parce que le conjonctif est l'objet d'une seule idée , exprimée par ces mots *prévu que vous auriez.*

D'après ces exemples , on peut établir pour règle, que le Participe est invariable dans sa terminaison, toutes les fois que nous le joignons à un verbe, pour exprimer, avec deux mots, une seule idée, comme nous l'exprimons avec un seul. Il ne sa'git donc plus, pour juger si le Participe, suivi d'un verbe, doit être ou n'être pas susceptible de genre et de nombre, qu'à considérer comme deux idées séparées, celle du verbe et celle du Participe, ou si au contraire nous sommes portés à les regarder comme une seule idée.

On doit dire, *elle a pris un remède qui l'a fait mourir,* parce que le pronom *la* est l'objet d'une seule idée, *fait mourir.*

Mais, dira-t-on, *elle a pris un remède qui l'a laissée mourir* ou *qui l'a laissé mourir?* M. Duclos veut qu'on dise laissée. Il considère donc séparément l'idée de *laissée* et celle de *mourir ;* et parce que mourir ne peut pas avoir un objet, il pense que le pronom *la* est celui du Participe *laissée.* De même il veut qu'on dise; *elle s'est présentée à la porte, je l'ai laissée passer,* quoiqu'on doive dire, *Je l'ai fait passer.* Pour rendre la chose plus sensible, il traduit ces phases, *Je l'ai laissée passer, Je l'ai laissée mourir;* par celle-ci, *J'ai laissé elle passer, J'ai laissé elle mourir:* mais que veut dire, *J'ai laissé elle?* Il me semble que nous sommes portés à regarder *laisser mourir* ou *laisser pas-*

ser, comme une seule idée , et que nous sommes choqués de la voir partagée en deux par un pronom placé entre le Participe et le Verbe.

Considérons actuellement le Participe lorsqu'il est suivi d'un adjectif ; il faut dire , comme l'assure M. Duclos, *elle s'est rendue la maîtresse ; elle s'est rendue Catholique* ?

Pour résoudre cette question , je considère encore si nous sommes portés à séparer ces idées ou à les réunir dans une seule. Or il me semble qu'on dira beaucoup mieux, *le Commerce a rendu riche cette Ville*, que *le Commerce a rendu cette Ville riche.* Ainsi, quoique nous employons deux mots, nous ne paraissons voir qu'une seule idée , comme si nous disions a *enrichi.* L'idée serait-elle donc une, lorsque nous nous servons d'une périphrase, comme lorsque nous la rendons en un seul mot ? Mais notre conclusion serait peut-être trop précipitée : car l'oreille est quelquefois la règle de nos constructions, autant au moins que notre maniere de concevoir. En effet, on dira plutôt, *J'ai rendu cette personne maîtresse de mon sort*, que, *J'ai rendu maîtresse de mon sort cette personne* ; *Un Docteur a rendu ce Protestant catholique*, qu'*un Docteur a rendu catholique ce Protestant*. Il me semble donc que nous soyons portés, à séparer l'idée du Participe de celle de l'adjectif ; et par conséquent, on peut dire avec M. Duclos, *elle s'est rendue catholique*, elle s'est *rendue maitresse*. Cependant, il serait bien plus simple que les Participes, suivis d'un adjectif, fussent assujettis à la même règle, que les Participes suivis d'un verbe.

Au reste, si nous séparons plus volontiers l'idée du Participe de celle d'un Adjectif que de celle d'un Verbe ; c'est qu'un adjectif présente une idée qui, étant plus déterminée, se distingue davantage de tout autre. Celle d'un verbe à l'infinitif, étant au contraire indéterminée, est, par cette raison, plus propre à se confondre avec celle du Participe.

L'Abbé de Condillac ne hasarde cependant point de répondre de l'exactitude des règles qu'il vient de proposer sur les Participes du passé, et ce, parce que, comme je l'ai dit, quand dans les Langues, l'usage n'établit pas lui-même la règle, il est bien à craindre qu'il ne se glisse de l'arbitraire dans les décisions des Grammairiens.

J'ai cru faire plaisir à mon lecteur en mettant sous ses yeux la nature des Participes substantifs et adjectifs, tels qu'ils sont analysés dans le cours d'Etudes de l'Abbé Condillac. On y verra des preuves toujours à l'appui des Règles de l'Abbé d'Olivet. Je conçois que quelques phrases pourront paraître abstraites; mais cependant on ne peut se dissimuler qu'il ne soit d'une grande utilité de se pénétrer des principes qu'il développe.

Je m'abstiendrai de toute autre réflexion dans la crainte de jetter des ténèbres sur un Logicien que je ne puis qu'admirer.

(41)

Maintenant nous allons revenir à notre Grammairien et voir ce qu'il dit du Verbe Réciproque.

Règle unique. Quand le Participe des Verbes réciproques est précédé de son régime particulé, il ne se décline jamais; et au contraire quand il l'est de son régime simple il se décline toujours.

Tout Verbe est récipoque , ou pronominal , quand il exprime l'action réciproque de plusieurs sujets les uns sur les autres ; qu'il forme avec l'auxiliaire être ses temps composés , et dont le régime , ou l'un des régimes , quand il y en a deux , est nécessairement un Pronom, signifiant la même personne , ou la même chose que son nominatif. Ainsi *se louer , s'admirer , se répentir* , sont regardés comme Verbes réciproques ou pronominaux.

Jamais le Participe de ces Verbes ne peut être précédé d'un régime ; et c'est d'abord par-là qu'il ne ressemble point à celui du verbe actif. On dit , *J'ai reçu des lettres ;* mais avec le Participe du Verbe réciproque, on ne saurait faire une phrase semblable , où il ne paraisse aucun régime qu'après le Verbe. Ajoutons que ce Participe ne peut entrer dans aucune phrase où le Verbe soit pris impersonnellement. A cela près , ce qui a été dit sur le participe du verbe actif convient à celui du Verbe réciproque, comme on va le voir dans l'examen des phrases suivantes.

Nous nous sommes rendus maitres.

Nous nous sommes rendus puissants.

La désobéissance s'est trouvée montée au plus haut point.

Elle s'est fait peindre , ils se sont fait peindre.

Elle s'est mis des chimères dans l'esprit.

Les lois que s'étaient prescrites les Romains.

Un mot sur chacune de ces phrases, dont les trois premières, proposées par *Vaugelas* , ne forment , à l'avis de d'Olivet, qu'une même difficulté.

Nous nous sommes rendus maîtres.
Nous nous sommes rendus puissants.
La désobéissance s'est trouvée montée au
plus haut point. Vaugelas décline dans
les deux premiers exemples, et non dans
le troisieme. Quant à l'Abbé d'Olivet , il
décline dans tous les trois ; et l'opinion
qu'il a adoptée paraît avoir prévalu.

Ainsi pour ne point tomber dans un
dédale obscur , on doit suivre entièrement
ce que veut ce dernier Grammairien , et
avec d'autant plus de raison qu'il s'appuie
toujours d'autorités qu'il serait difficile
de combattre ; je veux dire de Grammairiens tels que Menage, Regnier et Vaugelas même.

Quant à Ménage il est à ce sujet le
seul d'accord avec lui-même, et l'Abbé
d'Olivet ne craint point de reconnaître
pour règle invariable, que le Participe
du verbe réciproque se décline toujours,
quand c'est son régime simple qui le précede ; sans que l'on ait à distinguer si ce
Participe est actif ou passif ; s'il est suivi,

où non, d'un adjectif. Car supposé que l'observation de cette règle nous fasse tomber dans quelque équivoque, ou dans quelque exception, ce ne sera point la faute de la Règle ; ce sera la faute de celui qui ne connaîtra point d'autres tours, ou qui ne se donnera pas la peine d'en chercher.

Elle s'est fait peindre, ils se sont fait peindre. Voilà le Participe suivi d'un infinitif. Pour apliquer ici la Règle générale, il ne faut que considérer auquel des deux le régime se rapporte. Car à moins qu'il ne tombe sur le Participe, celui-ci ne se décline point, Or le régime se rapporte à *peindre*, puisqu'il est clair qu'on n'a pas voulu dire qu'elles se sont faites, qu'ils se sont faits.

En changeant le pronom et en mettant le verbe réciproque à l'actif, on dirait *elle a fait peindre elle, ils ont fait peindre eux*, si l'usage l'avait permis.

Quand l'Infinitif est précédé d'une particule, il est encore moins facile de s'y tromper. *C'est un procès qu'ils se sont* déterminés *à finir. C'est un honneur qu'elle s'est* vantée *d'obtenir.* Il y a deux régimes, *que* et *se*, dont le premier tombe sur l'Infinitif et l'autre sur le Participe. Plus on relira la Règle générale et unique, plus on se convaincra qu'elle dit tout.

Elle s'est mis des chimères dans l'esprit. C'est ici qu'on pêche le plus souvent, et il ne faudrait cependant, pour être impeccable, que se mettre notre Règle devant les yeux. *Quand le Participe est précédé de son régime particulé, il ne se decline jamais.* Or dans la phrase proposée, le pronom *se*, qui précède le Participe, est un régime particulé ; ear il est mis là pour à soi. *Elle a mis à soi.* Au contraire on dirait, *cette femme s'est mise à la tête des Cabaleurs* ; et il y faudrait *mise*, parce que le pronom *se*, qui précede ce Participe, est un régime simple ; *elle a mis elle.*

Parcourons d'autres phrases. *Elle s'est proposé de vous aller voir. Elle s'est*

proposée pour modèle à ses compagnes.
Dans la premiere le régime est particulé ;
car c'est comme si l'on disait *elle a pro-*
posé à elle. Dans l'autre, le régime est
simple ; car c'est comme si l'on disait,
elle a proposé elle.

Régime particulé. *Quelques-uns de*
nos modernes se sont imaginé *qu'ils*
surpassaient les anciens.

Régime simple; *Il y a des anciens qui*
se sont dévoués *pour la Patrie.*

On voit constamment que ce qui décide
du Participe, c'est toujours le régime, en
tant qu'il est , ou simple ou particulé.

Les lois que s'étaient prescrites les
Romains. Il y a deux régimes , le simple
et le particulé. *Que,* pronom relatif est
le simple : et *se,* pronom personnel est
le particulé. A l'égard de celui-ci, il ne fait
point décliner le Participe. Quant au régime simple, il oblige à décliner; ainsi
qu'on l'a vu.

On dira donc sans difficulté, *les lois*
que s'étaient prescrites les Romains.

Tout ce qu'il y a de nouveau dans cet exemple, c'est d'y trouver le nominatif après le verbe. Or la-dessus on n'a rien à dire qui n'aît été dit à la section des verbes actifs; lorsqu'il s'est agit de faire voir que c'était avec raison qu'il fallait dire, *les peines que m'a données cette affaire.*

Pourquoi donc une simple transposition de mots, usitée de tous temps, changerait-elle la syntaxe du Participe. *Ainsi se sont* perdues *celles qui l'ont cru. Comment s'est* aigrie *votre querelle*, pour durer si long-temps? *Les pénitences que se sont* imposées *les solitaires de la Thébaïde.* La prononciation ne fait guère sentir ces féminins, ni ces pluriels. Mais autre chose est de parler ou d'écrire. Car si l'on veut s'arrêter aux licences de la conversation, c'est le vrai moyen d'estropier la Langue à tout moment.

OPINION singulière, combattue par les meilleurs auteurs.

La phrase qui suit, et dont Duclos entreprend de prouver la justesse, va faire connaître quel est l'objet de la discussion; qui cesse d'en être une puisque l'opinion des auteurs que nous devons suivre est en opposition avec Port-Royal.

Quand, dit la Grammaire générale, le Participe (comme *tué*, *vû*, *connu*) ne se rapporte qu'au réciproque *se*, encore même qu'étant redoublé il le précède et le suive, comme quand on dit, *Caton s'est tué soi-même*, alors ce Participe s'accorde en genre et en nombre avec les personnes ou les choses dont on parle : Caton s'est tué soi-même, Lucrèce s'est tuée soi-même, les Saguntins se sont tués eux-mêmes.

Mais si ce participe régit quelque chose de différent du réciproque, comme quand je dis, *Œdipe s'est crevé les yeux;* alors le Participe ayant ce régime, devient Gérondif actif, et n'a plus de genre, ni de nombre; de sorte qu'il faut dire :

Cette femme s'est crevé les yeux.

Elle s'est fait peindre.

Elle

Elle s'est rendu la maîtresse.

Elle s'est rendu catholique.

Duclos dans ses *Remarques*, est ici d'accord avec d'Olivet sur le sens des deux premiers exemples, et dit bien que la raison pour laquelle on écrit, elle s'est *crévé* les yeux, et non pas *crévée*, c'est que ce sont les yeux qui sont le régime simple de *crever*, et non pas le pronom qui est le régime composé, au datif, et non à l'accusatif; c'est-à-dire, elle a crévé les yeux à elle.

Et que celle pour laquelle on dit, elle s'est *fait* peindre, et non pas *faite*, est que le pronom se trouve régi par *peindre*, c'est-à-dire, elle a fait *peindre* elle.

Quant aux deux derniers exemples construits de la manière qu'on le voit, ils sont contestés par des Grammairiens que nous sommes toujours disposés à goûter. Il convient donc de suivre leur opinion ainsi qu'elle a été établie, d'abord comme présentant plus de clarté, et ensuite comme étant plus généralement adoptée.

C

Passons maintenant à des exemples qui ne sont pas contestés.

Madame s'est *trouvé* malade. Dans ce sens le Participe est passif, et par conséquent indéclinable. On dit par exemple: *Quand le médecin est venu; cette femme s'est trouvée morte*, et non pas *trouvé*, parce que c'est-à-dire qu'elle a été trouvée morte par le médecin et par ceux qui étaient présents; et non pas qu'elle a trouvé elle-même qu'elle était morte. Mais si je dis au contraire: *Madame s'est trouvé mal ce matin*, il faut dire *trouvé*, et non pas *trouvée*, parce qu'il est clair que l'on veut dire que c'est elle-même qui a trouvé et senti qu'elle était mal; et que partant la phrase est active dans le sens: ce qui revient à la règle générale qui prescrit de ne rendre le Participe gérondif indéclinable que quand il régit, et toujours déclinable quand il ne régit pas.

Quoiqu'il n'y ait rien de fort arrêté dans notre Langue touchant ces dernières façons de parler: il n'est cependant rien de plus utile, pour les fixer, que de s'arrêter à cette considération de régime, au moins dans toutes les rencontres où l'usage n'est pas entièrement déterminé et assuré.

Nous allons nous reporter aux remarques de notre Grammairien, et voir comment il développe la nature des Participes des verbes neutres.

S'il a été interrompu un instant, ce n'a été que pour fournir quelques éclaircissemens en sa faveur.

Règle unique. *Quand le Participe des verbes neutres se construit avec l'auxiliaire* avoir *, il ne se décline jamais ; et au contraire quand il se construit avec l'auxiliaire* être *, il se décline toujours.*

A l'égard des verbes actifs et des réciproques, c'est le régime qui, comme nous l'avons vu, décide de leur déclinaison, mais pour les verbes neutres, c'est le nominatif. On appelle ainsi le verbe qui n'a point de régime, celui qui n'exprime point d'action, ou dont l'action ne passe pas hors du sujet.

Une partie (1) des verbes neutres se conjugue avec l'auxiliaire *avoir*: une autre partie (2) avec l'auxiliaire *être*: quelques uns (3) se conjuguent des deux façons.

Tous conformément à la manière dont ils se conjuguent sont assujettis à la Règle qui vient d'être rapportée, en sorte qu'il serait presqu'inutile d'en citer des exemples, puisqu'il n'y a point d'exception; cependant il n'est pas hors de propos de parler aux yeux.

---

(1) La plus grande partie: Car d'environ 600 ; à quoi se *monte* le nombre de nos verbes neutres, il y en a plus de 550 dont *Avoir* est le seul auxiliaire.

(2) *Accoucher, aller, arriver, choir, déchoir, entrer, mourir, naître, partir, retourner, sortir, tomber, venir;* etc.

(3 *Accourir, apparaître, cesser, croître, déborder, demeurer, descendre, monter, passer, périr, rester,* etc.

(53)

Quand ils se conjuguent avec l'auxiliaire *être*, leur Participe n'est regardé
que comme pur adjectif ; et il a cela de
commun avec les Participes des verbes
actifs, qui sont employés dans un sens
passif. On dit *elle est arrivée* ; comme
on dit *elle est aimée*, et l'un et l'autre,
comme on dirait, elle est grande ; elle
est petite.

Exemple où le verbe *avoir* a été employé pour le verbe être ;

..... *Ma langue embarrassée,*
Dans ma bouche vingt fois a demeuré
glacée,

Demeurer pour *rester* ; prend *être* ;
il est demeuré muet. Ainsi ce vers de
Racine n'est pas correct ; il fallait :

...... *est demeurée glacée.*
Elle est accouchée d'un garçon,

Cesser, sans régime, prend *avoir* ou
être. Sa fièvre a cessé ou est cessée. C'est
ici qu'il est bien facile de reconnaître les
principes de la Règle unique et d'en faire
une juste application.

C 3.

(54)

Passer, sans régime, prend *étre* : *La procession est passée. Cette tapisserie est passée. Cette mode est passée.*

Les Empereurs n'ont jamais triomphé à Rome si mollement, etc.

Plusieurs bâtiments ont échoué sur les côtes de Bretagne ; d'autres ont péri en pleine mer.

La guerre a éclaté entre les peuples du Nord.

REMARQUE essencielle sur des Participes en ant, *dont l'usage est consacré dans le style de Pratique.*

Il est des Participes en *ant* qui, suivis immédiatement d'autres mots qu'ils régissent, comme *appartenant, dépendant, mant, jouissant*; et ceux de ces membres de phrases: les *rendants compte, l'oyante compte, ses ayans cause, les gens tenans notre Cour* (Port-Royal) ; n'ont point encore perdu leur déclinabilité, quoique suivis immédiatement d'un régime.

La raison en est, dit M. Leber, que ces mots étant spécialement employés dans des actes où la moindre équivoque pourrait entraîner les conséquences les plus graves le respect qu'on porte à ces garants de la foi publique, ne permet point d'en soumettre le style aux nouvelles réformes, qui auraient pu faire perdre du côté de la clarté, ce qu'on aurait gagné en harmonie.

Nous pouvons donc conclure, de ces premières observations, que les Participes en *ant* sont indéclinables excepté; 1°. Quelques uns dont la déclinabilité est consacrée par l'usage dans le style de pratique, et les trois suivants; *approchant*, *tendant* et *répugnant*, que l'on décline encore. 2° Ceux qui sont employés dans un sens absolu. Le caractère auquel on reconnaît ces derniers, consiste en ce qu'ils n'expriment plus qu'une simple qualité, abstraction faite de toute idée d'existence, et sans aucun rapport de temps ; en un mot, c'est qu'ils ne figurent dans la proposition que comme de simples adjectifs.

F I N.

TABLE

ANALITIQUE

Pour faciliter la recherche de quelques observations essentielles

FIN DE LA TABLE.

ERRATA.

Avertissement. ligne 3, Lisez *des Princi-*
pes puisés dans les meilleurs auteurs.

Page 44, ligne 17, Lisez *l'opinion de Port-*
Royal.

Page 20, Lisez *labyrinthe.*

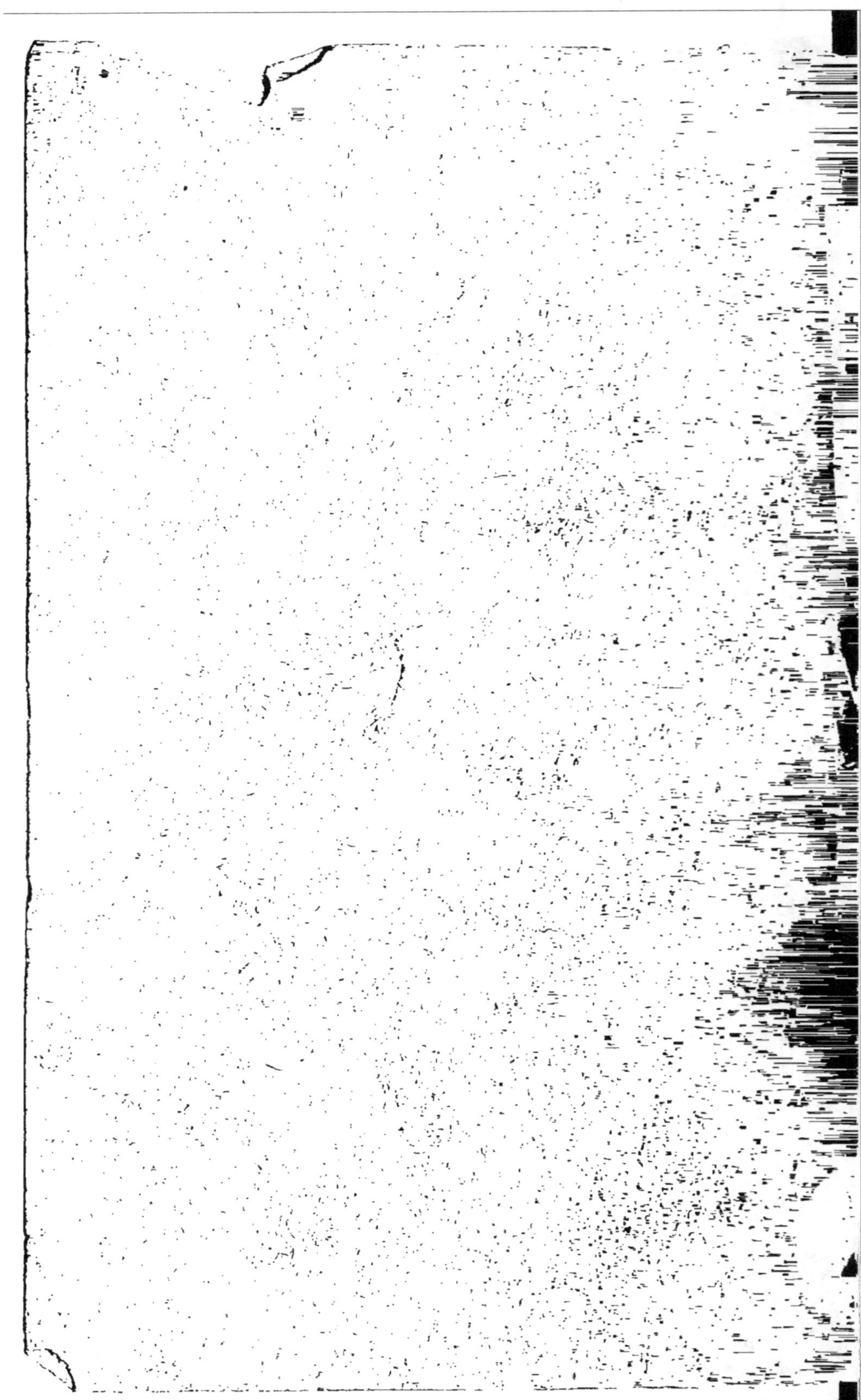